Murmures
de la brousse sénégalaise

Pour Alix

Partir

Je pars. Je quitte ma famille, mes amis.
J'emporte mes souvenirs, mes rêves,
tout ce que je suis, pas à demi-
mesure. Je ne fais pas une trêve
de mes soucis. Je ne les fuis pas.
Je les emmène, que pas à pas
je les résolve avec espoir.
Vos sourires me caresseront le soir
dans mes songes dans la solitude.
Partir n'est point l'interlude
ni l'entracte d'une vie
mais un tremplin pour l'avenir.
Point je ne m'oublierai.
Point je ne vous oublierai.
Merci pour ce que vous êtes,
à ma famille et à mes amis

Nestor la taupe

Malgré les heurts
Et les malheurs
d'un monde bafoué
Par des hommes sans pitié,
Il voudrait voir,
Affronter avec espoir
Avec un sourire
A désarmer la haine
des guerres vaines.

Prier au grand ciel
au Dieu d'Amour
Pour sortir ce jour
de la terre pestilentielle.

C'est ainsi qu'une fée
L'emporte faire un voyage
au dessus des autodafés,
des bûchers de rage.

Ils envoyèrent des gouttes
d'eau pour rafraîchir
et disperser les doutes
dans un élan de fou-rire.

Nestor devient un trésor
pour Dieu, son Créateur.

En une seule parole d'or,
La taupe devient sur l'heure
un homme du monde
qui sème et féconde
dans l'incognito.

Dialogue de sourds

- Partons vers d'autres horizons
Au-delà de nos désespoirs
- Je veux bien prendre une poire
Et la manger sans raison.

- Luttons contre toutes les haines
Avec nos joies et nos rires.
- Je prendrai bien une petite laine
Il fait froid à faire frémir.

- Et si tu m'écoutais pour une fois
Et me répondais sérieusement.
- Mais je n'ai pas de crise de Foi
Oh que nenni ! Point je ne mens !

- Bigre de rage, écoute-moi
- Vas-y parle sans émoi.
- Je te proposai de partir.
- Je ne veux pas mourir.

- D'aller gravir les montagnes
- Je ne veux pas prendre de castagnes.
- D'aller voguer dans les eaux vives.
- Je ne veux pas échouer sur les rives.

- Allons faire mille voyages.
- Je n'irai pas en cage.
- Bon, restons ici s'ennuyer !
- Juste vivre avec sérénité
Et profiter de chaque seconde

Entre nous, en ce monde
Qui bouge sans arrêt, s'ignore.
– Tu es malade ? Tu t'endors ?

– Juste un brin d'intelligence
dans mes abîmes d'ignorance.

L'ennui

Le temps semble s'arrêter.
Mon esprit se met à ramer,
A voguer dans l'éphémère
Inactivité. Des poussières
D'envie de bouger s'envolent
Au gré de la brise frivole.
Je ne veux rien faire, écrire.
Tout m'est chimère, délire
De paresse, d'oisiveté.
Je suis esclave de ma liberté.
Sur la terrasse, je regarde
Le ciel, et le soleil qui me larde
De ses rayons avec sournoiserie.
Attendre que les secondes me rient
Au visage, en suspens éternel.
Au détour d'une pensée qui crécelle
Dans mon cerveau vide, j'agis
Dans cet ennui pour profiter
De la vie qui jaillit, gît
Telle une merveille dans l'univers.
J'en profite pour admirer l'air
Du temps qui s'écoule infiniment.

La timalie

La timalie à tête noire
Remue son visage du soir
Et s'envole dans les branches
De l'anacardier. Elle tranche
Une feuille jaune, couleur
De son ventre. Elle effleure
Une chenille verte comme
Ses plumes. Elle la gomme
De la nature, l'avale.
Soudain, des gouttes dévalent
Du ciel noir. Un orage.
La timalie se réfugie de rage
Dans son nid, protégeant
Ses œufs. Que c'est affligeant
Cette nature qui pleure.
L'oiseau attend l'heure
Pour repartir chasser
Sans peur, sans se lasser.

Le voyage du caillou

Danse petit caillou !
Sort du grand bayou
Et roule sur les routes
Du monde en déroute.
Evite le sang qui coule,
Assèche les larmes, les houles
De peurs et de souffrances.
Descend les vallées de France,
Gravis les montages de Guinée.
Nage jusqu'à Sydney
Et crie ta joie de vivre
Pour faire trembler les ivres
De haine, de colère, de jalousie.
Va sur les volcans d'Indonésie
Et murmure ton espérance
Dans le ciel bleu de jouvence.
Chante petit caillou blanc
Etends ton plumage étincelant
Pour parsemer ta poussière
De rires, de sourires des mères
Regardant leurs enfants grandir.

Le compte du fifre

Un
C'est rien
Deux
C'est peu
Trois
Un peu étroit
Quatre
Dans l'âtre
Cinq
Zincs
Six
Cassis
Sept
A Sète.
Huit
Sans suite
Neuf
Œufs
Dix
Point d'indices.
Un fifre
Dans ses chiffres
Galère
Depuis l'ère
De l'écriture.
Onze chaussures
Douze
Flouzes
Treize
Fraises

Quatorze
Hors ze
Rock
Sur le roc,
Le fifre grave
Des choux-raves
Des traits salés
Puis va s'en aller
Boire l'addition
Sans reddition
À la liqueur d'ombre
Sans nombre.

Une vie

Désirs
Plaisirs
Rires
Sourires
Souffrir
Pâlir
Frémir
Jouir
A chérir
A choisir
entre mourir
et courir
Crier hors des livres
pour respirer, vivre.
Cracher les rancœurs
des pages de noirceurs.
Blanchir
nos souvenirs
et soutenir,
accomplir
nos rêves
sans trêves.
Soulager nos peines
dans un cœur d'ébène,
de chair sans gène
en vérité sans dégaine.
Partir
Ecrire
Espérer
Aimer

Je témoignerai
Je chanterai
Je jouerai
Je tracerai
des lignes d'amitiés
à jamais
et les relier
en toute liberté.
Confiance
Espérance
Re-naissance
Silence
Reconnaissance

Impressions

Le ciel est voilé, jaunâtre.
Impression d'un vent de sable,
Sans grain, une brise dans l'âtre
du silence de la cour instable.
Ma bouche s'assèche sans fin
Et ma peau est une mosaïque
De sueurs, de rougeurs. Faim
De pluie, rêve archaïque
En ces jours de chaleur.
Les élèves lisent et écrivent.
Un calvaire pour une heure
Dans une fournaise. Vive
Les crèmes glacées et mangues.
Des têtes hébétées tanguent.
Fatigue. Sourire pour aider
Ceux qui traînent. Les dés
Sont jetés. Les livres s'étiolent.
Les pages s'étirent et s'envolent.
Un élève tente de lire malgré
Ces pages qui veulent s'échapper.

Un moment d'éternité

A travers les barreaux de la bibliothèque,
J'observe la cour bercée par un vent sec
Où les arbres dansent, ivres d'humidité.
Les élèves essayent de travailler, hébétés
Dans leurs classes, des vraies fournaises.
Le soleil peine à se mirer dans un ciel
Tourmenté. Quelques rires rompent le malaise
Du temps incertain, hivernage miel
Qui arrive. Les agriculteurs espèrent
Une meilleure année pour les récoltes.
Les feuilles mortes roulent dans la poussière
Vers un avenir éphémère. Virevoltent
Des tourterelles, se chamaillent dur
Dans les branches du figuier sauvage.
Je respire, prends cet instant mûr
D'éternité, de vie simple et sage.

La féticheuse

A L'intérieur de la case parfumée
D'encens et de tabac périmé,
Elle trône avec majesté
Sur une natte lestée
De cauris et de gris-gris.

Avec ses bracelets gris,
Elle agite un plumeau
Aspergé d'une eau
Mélangée à du sang
De coq. Rugissant
Comme une lionne,
Elle incante, entonne
Des formules mystérieuses.

Elle s'empare des cheveux
Imbibés de lait. Elle veut
Jeter un sort. Rigoureuse,
Elle respire lentement
Et agite ses mains
Au dessus des condiments.

Elle mâche du cumin
Et de la kola, puis crache
De la salive noire. Silence.
Au loin, un cri de démence.

Elle range sans faire de taches
Ses fétiches, ses breuvages.

Et elle prend un crucifix
Avec foi, en toute infinie
Prie pour son veuvage.

Elle se prépare à être baptisée.
Elle garde confiance, attisée
Par un espoir, un amour sans fin.

L'aube

C'est l'aube.
Le ciel se dore.
La nuit s'endort.
Une fine aube
De verdures
Montre sa parure
D'oiseaux éveillés.
Chants déverrouillés
Par la liberté
De vivre, d'aimer.
Un gonelek sautille.
Un merle fait une vrille
Au dessus des calaos
Fuyant le chaos
De poussières, d'ombres.
Une cornivelle guette
Avec ses yeux sombres
Et s'envole vers des miettes
De mangues ou de cajous.
Une tourterelle gonfle ses joues
Et roucoule pour un instant
D'éternité, de pur bonheur.
Ainsi que coule le temps
Invisible de la nature sans heurts.
C'est le jour. Sourires.
Prêt à aimer, écouter et agir.

Les murs

Les murs
Murmurent.
Les fissures
Susurrent
Les souffrances,
Les jouissances
D'un monde
Invisible.
Il féconde
L'indicible
Dans les mémoires
Dans les brisures
Du blanc crépi.
Le monde est pis,
Sous des usures
De haine, de peur.
Les ruines s'amoncellent.
Les murs ruissellent
Sous des plombs tueurs.
Un brin d'herbe jaillit.
Un pan de mur revit
Et chuchote les espoirs
Des survivants d'un soir,
D'un matin d'hiver ou d'été.
Un abri, une trace de liberté,
Se bâtit pour un monde meilleur.
Des cloisons tremblent de bonheur.

Toujours à rien

Rien à attendre.
Le jour est tendre
Comme les étoiles
Qui se dévoilent
Et montrent fières
Leurs parures de lumières.
Le vent passe toujours
Et reviens avec douceur
Balayer les fines fleurs
Ecloses au petit jour.
Un vieux au chapeau usé
Me salue avec un sourire
Et me tend ses mains de cuirs,
Crevassées, abîmées, abusées
Par les âges du passé.
Rien ne va trépasser.
La mémoire du temps
Se grave avec autant
De finesse dans nos cœurs
Nos joies, nos erreurs.
Toujours à espérer.
Le temps est espéré,
Indifférent à nos peines.
Je savoure sans chaînes
La liberté de l'âme,
Pour admirer la dame
Beauté de la terre,
Et du riche mystère
De l'homme et de la femme.
Toujours à agir.

J'écris les sourires
Sur une petite flamme
Qui jaillit du ciel
Aux ondes de miel.
Toujours rien à tuer.
Toujours à faire naître
Les petits bonheurs d'être.
Toujours rien à huer
Sur les chants de merles
Courtisant leurs perles.

Silence intérieur

Silence.
Respiration lente.
Point d'attente.
Je me lance
Dans un vide intérieur.
Au fond de mon cœur,
Des rides
D'angoisse
M'étreint.
De la poisse.
Des freins
A ma sérénité
Tel que moi-même,
Face à mes aspérités,
Mes faiblesses.
Silence en liesse.
Je chasse mes pensées.
Je m'abandonne sans douter.
Tendre mélodie
Du silence de midi.
Une voix m'interpelle:
" Aie confiance et suis-moi".
Mon âme s'apaise sans émoi.
Un espoir m'appelle
A regarder sans peur
Les autres sans heurts,
Après s'être accepté
En toute liberté.

Agonie d'une chèvre

A l'ombre de la case,
la chèvre se repose
et tente de faire table rase
de ses ecchymoses,
et d'oublier sur le champ
Ses douleurs, en se cachant
dans ses rêves inaccessibles.
Elle se lève dans une indescriptible
Lenteur pour aller se réfugier ailleurs
sous des bougainvilliers indifférents.
Arrivée à destination, elle retombe en serrant
ses pattes devenues paralysées. Frayeurs!
Ses yeux se lèvent vers le ciel avec angoisse.
Elle tente de respirer l'air qui la froisse,
La tourmente. Elle a le vertige.
Elle s'empare d'une fine tige
égarée dans la poussière.
Elle mâche. En vain.
Elle espère.
Du vin.
Silence.
Noir.

Bribes de vie

De l'air.
Un bruit de fer.
Des cris d'enfants fiers.
Un oiseau jaune de lumière
S'envole vers un clair horizon
Flamboyant. Finies les dures saisons.
Une goutte d'eau inonde les cœurs asséchés.
Oubliées les querelles, les disputes entachées
De larmes et de sang. Douceur de vie
Qui caresse un amour inassouvi
Entre des hommes, des femmes.
Paix et bonté des âmes.
Respect et fraternité.
Agréable liberté.
Légère utopie.
Un espoir
D'un soir.
Sourires.
Rires.

Homère le lutin

Aux aguets !
Sur un promontoire
De roche noire,
Un lutin balaie
De son regard
Les contrées bizarres
Aux ondes vermeilles.
Il observe ! Il veille !
Il se méfie de l'air
Qui brise son flair.
Sur le qui-vive,
Il écoute les rives
Du silence invisible.
Soudain, une explosion.
Homère devient une cible
De roches en fusion.
Il s'envole vers le ciel.
Rien d'intéressant à voir,
A goûter, à sentir le miel.
Impossible de caresser l'ivoire
De ses exploits ancestraux.
Dans le néant, sur une plume
D'une blancheur magistrale,
Sourit Homère. Il hume
L'immatériel et vogue
Dans un bonheur. Une pure drogue.

Narcisse

Terrorisé
Il se terre dans les rosiers.

Il noie ses pensées
Dans une liqueur d'herbacées.

Dans l'ombre,
Il rumine et sombre
Dans le déni de son visage
Marqué par les âges,

Par les outrages
Des iris volages.
Tourmenté
Par les moqueries répétées

Des orchidées, des lauriers.
Il se met à injurier
En silence le monde.
C'est ainsi que des ondes

De pétales de bougainvilliers
Sèchent ses larmes bafouées.

Une sève odorante
D'orgueil de chine
Brise l'échine
De sa colère ascendante.

Balayée l'ivresse de la peur,

Soulagée sa détresse des heures
Sans fin.
Il caresse enfin
Ses cicatrices du passé
Et accepte de se dépasser
Pour encore vivre
Parmi les fleurs
Sans heurt.

Une rue au crépuscule

Et ça crie au-delà des murs !
Des petites filles chahutent,
Des gamins guettent et affûtent
Leurs quatre mille coups durs.
La nuit tombe. Ils courent
Ces enfants vers leur basse-cour
Familiale, rejoindre leurs mères.
Un vieux boit son thé bien amer
Sur une souche de fromager
Aux cotés de ses frères bien âgés.
Un muezzin hurle, psalmodie
Sans cesse la même chose.
Le ciel perd son éclat de rose
Et devient noir. Il maudit
Le soleil paresseux de luire
Que 12 heures maximum.
Les dernières chèvres braient,
Font vibrer leur langue au summum.
Un oiseau blanc zébré
De noir de jais et de cendre
Plane et s'en va descendre
Dans un arbuste rabougri.
Un grillon fait crisser ses gris-gris
Et brise le silence cacophonique.
La rue remplie de sable latéritique
Devient déserte, seule, oubliée
Pour une nuit désenchantée.

Un voyage

La vie est un voyage infini
Où coule un torrent éternel
Au-delà des gouffres finis
Et des sommets mortels.
Sans cesse, elle s'en va
Vers l'inconnu sans canevas.
On avise selon les vents,
On s'adapte sans vraiment
Maîtriser notre voyage.
Faut faire confiance
Selon tous nos âges.
A qui donc, ce sens
De la vie doit-on ?
A vous de le deviner ?

Bilbo le géant

Au sommet d'une colline,
Au milieu d'une ville,
Se tenait un géant immobile
Comme une goutte de résine.

Bilbo ne bougeait guère
De peur d'écraser les hommes
Et désespérait de ne rien faire,
D'être inutile en somme.

Il évitait de souffler, craignant
D'ébranler les murs. Les nuages, gagnant
Ses narines, le chatouillaient
Et se forcer de ne pas éternuer.
Il voulait pleurer mais se retenait.

Telle une statue vivante, il était une bombe
A retardement dévastatrice.
Même s'il mourrait, cela serait une hécatombe
Un carnage. Une jeune cantatrice
Se mit à chanter à ses pieds.

Les notes enveloppaient le géant,
Le calmaient et le liaient
D'un amour vif et béant.

Bilbo sentit son corps frémir

Pour s'envoler en douceur
Vers le ciel de toutes les couleurs.

En silence, il se met à rugir
De bonheur, de liberté
Et survola la ville émerveillée.

La cantatrice envoûta les nuages
Pour accueillir le géant ravi
Pour ses mille voyages
De l'amour et de la vie.

Ode à la vie

Rire dans un regard de tendresse !
Oubliés les moments de détresse !
Chanter sans attendre de souffrir
Et de crier sans pleurer et gémir.
Frémir de joie au fil de la brise
Et danser sur une plume cerise.
Vivre sans se faire de soucis
Et se laisser tomber sans sursis
Dans une confiance véritable.
Aimer d'un espoir redoutable.

Panne d'inspiration

Rien ne vient dans mes pensées.
Pas un mot. Pas une phrase sensée.
Je reste sur ma faim de poésie,
Regardant ma feuille blanche transi.
Le vent hurle dans mes oreilles,
Emporte mes rêves, les merveilles
De mes songes imprévisibles.
Rien ne part dans ma main
Pour faire danser mon stylo
Qui boude, et fait le malin.
Son encre n'est que de l'eau
Qui s'évapore sous la chaleur
Gonflant de sa superbe chaque heure.
Mon regard est fixé sur les lignes
De mon cahier qui frémissent
De peur d'être écorché par le vice
De la mine sans pitié. La guigne !*

*La malchance

Songes au clair de lune

Au clair de lune, je songe à la vie.
Je savoure chaque seconde qui sévit
Doucement dans le cœur des hommes.
Je suis loin d'un funeste Rome
Bercé par la brousse rythmée
Par les regards, les rires, les chants.
Il me semble que je suis dans les champs
De coquelicots courant armés
De banderoles blanches et jaunes.
Songes d'un instant aux cris
Du ciel étoilé, de la flore et de la faune.
Et je continue à rêver et j'écris
Pour ne rien oublier, pour faire partager
Mes songes, mes espoirs non outragés.

Métamorphoses

Sur un rocher noir, une plume se repose
Bercé par la brise. Elle se laisse emporter
Dans les airs telle une jeune fille rose
Dansant sur l'eau, pleine de gaieté.
La plume frisonne et murmure le silence
De sa vie tranquille, sans turbulences.
De sa blancheur, elle rougit, rougit
Pour devenir un léger saphir qui gît
Sur une molécule d'air et tombe
Au creux de la main du monde.
Un nuage bleu-gris fait un sourire
Et le soleil se met à tout éblouir
Telles les ombres les plus inaccessibles.
Le saphir scintille de toute sa beauté
Et déploie ses ailes de feu d'éternité
Puis ouvre son bec d'or indestructible.
Il est un phénix aux yeux d'argent
Et plonge dans un océan paisible.
Une colombe ressort invisible.

Dans un visage

Dans un regard,
Se suspend hagard
Une forme bizarre
Au coin du soir.
Dans un sourire,
Se détend par un soupir
Une goutte de saphir
Sur une lame de cire.
Dans une poignée de main,
Un instant sans lendemain
Se mange sans faim
Un pacte sans fin.
Je suis toujours là.
Mes pensées vont au-delà
Des ondes de lilas.
Je ne fais aucun pugilat.
Rien ne quitte mes souvenirs
Comme des nuages de lyres,
Chantant au fil des plaisirs,
Des soucis qui font souffrir.
Dans un visage,
Tout un voyage
Sans mauvais présages,
Pour un message
De paix et d'amour
Chaque jour.

Le temps

Au firmament du temps,
Suspendu par le vent
Immobile sur les ondes
Figées par un petit monde
Telle une statue de lumière
Qui s'étiole au fil des ères
Et renaît des cendres,
Le temps passe sans attendre.
L'horloge perd le nord,
La pendule égare son or
Mais le temps se faufile
Invisible au delà des fils
Matériels, palpables.
Le temps est imperméable
Aux pleurs et rires,
Aux mépris et désirs.
On se laisse emporter,
Manipuler, apprivoiser
Par le temps sans pavoiser.
Usons de notre créativité
Pour sculpter le temps
Qui fait partie de notre vie,
Si fragile, sensible à l'harmattan.
Espérons au-delà de nos soucis.

Bouba

Sur un banc en fer forgé,
Sa masse corporelle est figée
Comme une grosse boule de graisse.
Il respire faiblement et râle sans cesse.
Dans sa main gauche, un verre de soda
Et dans son autre main, un gâteau
Aux arachides et aux noix.
Sa bouche est pleine comme un cargo
Partant aux antipodes.
Ses joues sont couleur d'iode
Comme serait son foie.
Ses yeux se remplissent de larmes
Et ses pensées sont sans armes
Face à sa gourmandise.
Soudain, une lointaine brise
L'appelle à regarder sur la rive.
C'est une jolie fille marchant
Lentement comme on dérive
Sur l'océan vers le néant.
Son cœur bat comme le tambour
A l'arrivée d'un roi en ce jour.
Un coin de lèvre se suspend
Et lâche ses aliments.
Connaissant son poids et sa laideur,
Bouba se lève quand même.
Petit instant de bonheur et de douleur.
Ses pieds s'enfoncent dans la terre.
Chaque pas est pour lui une galère.
Il continue en essayant d'oublier,
Il s'essouffle. Il a mal aux pieds.

Il n'a pas l'habitude de marcher.
Cela ne fait rien. Il va la chercher.
A chaque seconde, à chaque minute,
Sa silhouette s'amincit. Il lutte
Pour maigrir, même si ça lui coûte
De la souffrance qui s'affûte.
Le soleil s'est couché en route.
Il devient svelte à la lueur des étoiles.
Il s'approche de la fille éblouissante
Et cette dernière disparaît frémissante.
Bouba, bel homme peint sur une toile
Vivante, reste immobile. Sans comprendre.
Il est au bord de la rivière qui l'appelle,
Lui murmure des mots tendres.
Il sourit et plonge dans une paix éternelle.
Le lendemain matin, des promeneurs
Découvrent une statue aux milles couleurs
Resplendissant de vie et de joie,
Au bord de la rivière traversant les bois.

Un temps en suspens

Assis sur une chaise, j'écoute le présent.
Je savoure les secondes qui passent
Comme on goûte un petit faisan
Aux fruits d'été. Je prélasse.

Mes pensées s'évadent loin
Dans une bulle au-delà des recoins.
Elles s'envolent au dessus du village.
La brise me chatouille au visage,
Balayé par l'ombre des feuillages.

Mes yeux fixent un oiseau bleu
Picorant des graines de feu.
J'entends un chant féerique,
Un air tendrement mélancolique.

Une mouche jaune au bec violet
Joue du saxophone sur mon nez.
Le ciel se pare de rideaux rouges
Et noirs qui ondulent, bougent
Au gré de la douce musique.

Soudain, un cri métallique
Me secoue, diabolique.

Un éclair m'aveugle
Et je meugle

Sur ma chaise,
Avec dans ma main,
Mon verre de glaise
Au lourd parfum
D'alcool de palme.
Faut que je me calme !

Au crépuscule

S'élève une fine brume éméchée.
Le soleil disparaît derrière l'horizon
Et le ciel perd ses couleurs, sa raison
D'être. Il a envie de pleurer à foison
Mais la brise le console avec douceur.
Un berger fait rentrer ses chèvres sans heurts
Dans un enclos de paille et de branchages.
Une femme en boubou bleu lave le visage
De son enfant, trace de ses jeux dans le sable.
Des oiseaux noirs et blancs, inconsolables,
Crient en s'envolant vers d'autres contrées.
C'est au tour de la Nuit de rencontrer
Les désirs, les songes, les rêves des hommes
Pour peut-être s'en emparer en somme
Et les cuisiner pour son frère le Jour.

L'apprenti lecteur

Plongé dans son livre, il navigue
Entre les mots. Il rompt les digues
Des lettres incompréhensibles
Et s'enivre des paysages invisibles.
Son esprit chavire vers l'imaginaire
Où s'entrechoquent les éphémères
Futilités et les graves sentences
Des phrases lourdes de sens.
Il échoue sur une page blanche
Et son cœur flanche
Et veut continuer à boire
Pour saborder le désespoir.
Il écope dans sa mémoire
Et retrouve des subtilités
De la lecture d'initié.
Tourne donc la page.
Et continue ton voyage.

Le rapace

Partout tu t'envoles
Vers des horizons frivoles.
Et tu reviens fol
Aux terres agricoles
Brûlées, asséchées.
Avec tes ailes noires
Striées de langues blanches,
Tu guettes une proie
Comme un roi
Voulant s'accaparer
D'un monde enragé.
Dans ta ligne de mire,
Tu aperçois un petit lapin,
Le pauvre sbire.
Tu serres des ailes sans fin
Et pique ton bec dans le vide.
Tu le fixes en brisant l'air
Et tes plumes deviennent livides.
Tes pattes tremblent du fil de fer.
Arrivant presque sur ta proie,
Le lapin esquive et te foudroie.
Terrible, tu t'écrases à jamais.
Le rongeur devient hilare.
Rapace, t'étais un charognard.
T'as raté ta vocation à jamais.

Vieux Coly

Il ne peut plus souffrir.
Plus de souvenirs.
Plus de sourires
Sur son visage de cire.
Marqué par les âges,
Par les sans voyages.
Assis sur un petit muret,
Il regarde les gens passer,
Indifférents pour trépasser.
Son regard flotte sans cesser
De balayer le ciel changeant.
La ville s'endort ainsi que les agents.
Seul, il partira dans ses rêves
Ou dans son paradis sans trêve.
Avant qu'il ne s'allonge éternellement,
Un petit garçon lui chante longuement
Une mélodie qui lui est connue,
Qu'il ne l'a jamais plus entendue.
Un visage revient dans sa mémoire.
Il se relève et marche au seuil du soir
Avec l'enfant vers un possible espoir
Au coin d'un feu, dans la brousse,
Dans un petit village aux palissades rousses.
Sans rien comprendre, sans rien savoir,
Dans la rue déserte, il s'endort paisiblement
Avec un sourire pour l'éternité.

Le petit Gulliver

Sur le rebord d'une fenêtre,
Rêvait un petit être
Avec une veste et des guêtres.
Il envoyait paître
Son ombrelle noire
Sur la vitre du soir.
Avec son chapeau de velours,
Il en faisait un abat-jour
Et éclaira son visage
Meurtri par les voyages.
Il s'appelait Gulliver.
Un comble pour un nain vert
Lui qui songeait à grandir
Avec ses pieds de cire.
Alors il se met à imaginer
Tel un géant au gros nez
Franchissant avec merveille
Les abîmes du sommeil,
Gravissant avec panache
Les sommets des vaches.
Mais Gulliver se réveillait
Parcourant ses papiers,
Relatant ses périples lointains.
Pour se noyer, il prend du thym
Et en fait de l'alcool très fort.
Il boit pour ne plus boire
Ses souvenirs du dehors
Et pour ne plus avoir d'espoir.
Soudain, une goutte d'eau
Heurta lourdement son dos.

Un parfum de rose se dégagea
Et une silhouette se dévisagea.
Une petite fée
Toute décoiffée
S'approcha sans tarder
De Gulliver hébété.
Ce dernier brisa la vitre
Avec son vieux pupitre
Et s'envola tout en riant
Avec la fée en criant
Les milles amours
Pour toujours.

Pierrot

Le soleil s'exaspère
En ne rougissant guère
Un nuage de poussière
S'élevant de la terre.
La lune devient silencieuse
Face aux étoiles malicieuses
Et disparaît dans une nébuleuse
Imaginaire et facétieuse.
Et Pierrot se réveille, filou
Sur son petit caillou.
Il fait les quatre cents coups
En creusant des trous
Dans l'univers infini.
Il trace un chemin pétri
De chocolats, de confiseries.
Puis s'arrêtant, il sourit.
Il jette une petite lueur
Sur un visage en pleurs,
Perdu dans les milles fleurs
D'une galaxie sans couleurs.
C'est la fille de toutes les novas.
Elle explose sur tous les canevas,
Les mystères d'une secrète diva.
Pierrot rêve et puis s'en va
Pour revenir avec une guitare.
Il la séduit dans son art.
Un filet d'astéroïdes s'empare
De leurs doux regards.
Ils s'approchent timidement.
Ils se regardent dangereusement.

Une comète les lie doucement
De son gigantesque firmament.
Le soleil est ravi de sa victoire
Après avoir fait rougeoir
Le nuage de poussières noires
Au dessus d'une passoire.
La lune redevient bavarde
Avec deux mille hardes
De constellations couardes.
L'histoire se finit par mégarde.

Une goutte d'eau

Je ne suis qu'une goutte d'eau,
Qui tente de s'accrocher au dos
D'une feuille de fromager.
Je suis dévisagée
Par une brise traîtresse,
Sous les rayons du soleil.
Avec grande tristesse,
Je m'évapore sans merveille
Pour ne plus exister.
Mais je suis toujours là,
Invisible au-delà
De toutes apparences.
Je suis une bulle en errance
Et un matin, je réapparais
Sur un pétale d'une orchidée.
Du soir au matin, je vis dans le réel.
Du matin au soir, je scrute avec zèle
Les horizons des rêves d'un enfant.
Je bois leurs rires, leurs regards
Je m'enivre de leurs espoirs
Et j'éponge leurs larmes.
J'aurai toujours soif de la vie

Zoo culinaire

Sur un nuage de soie d'or,
Jaillit une source d'eau
Qui s'élève et s'endort
Sur une nuée de mulots.
Les rongeurs s'agglutinent
Autour d'une nougatine
Egarée sur un océan de sable blanc.
Le soleil s'observe dans le désert,
Dans un miroir de cristaux verts.
Une fourmi se lèche les babines
Près d'un berlingot dans une ravine.
Et la ravine est engloutie par un coulis
De framboises. Une mouche lit
Une page de salsepareille
Au creux de l'oreille
De la chèvre endormie.

L'enfant perdu

L'enfant perdu
Tu es là, à me regarder
Dans le vide sans rien demander.
Tu es là, assis sur un tronc d'arbre,
Immobile, froid comme du marbre.
Tes yeux bleus deviennent pâles
Sur ton visage devenant rouge sale.
Tu serres tes points sur tes genoux.
Ton pantalon rugueux se dénoue
Sur tes chevilles ensanglantées.
Tes pieds nus sont engourdis,
Boursouflés par des orties.
Tu t'es perdu depuis des heures
Dans cette forêt de saules pleureurs.
Viens, ne crains plus de te lever.
Tu es fatigué, harassé, lessivé
Par le froid. Tu n'es plus seul.
Je vais te porter sur une meule
De laine, sellée sur un cheval.
Je te ramène à la maison du val,
Où tu reverras ta mère qui t'attend.
Pardonne-nous d'avoir été sévère.
Reste encore avec nous et persévère.
Tu dois espérer, vivre et grandir.
Ne perds jamais ton doux sourire.

Eveil dans la nuit

C'est la nuit noire.
Le vent se lève
Et fait choir
Des sons brefs
De branches mortes.
Toute une cohorte
D'arbres murmure,
Chuchote sur les murs
Envahis par des coléoptères.
Des scorpions surgissent de terre
Et embrassent des mulots égarés.
Un grondement sourd fait vibrer
Les ailes des renards volants.
Des fresques d'éclairs
Illuminent la savane claire.
L'orage s'avance, bien lent
Dangereux sur le village endormi.
Et la nuit passe,
Des choses se trépassent
Dans l'ignorance.
Le soleil en transe
Se lève, rouge tomate
Et chasse les automates
Nocturnes carnivores.
Le silence est d'or.

L'enfant du monde

Au pied d'un vieil arbre, sur le sol poussiéreux,
Un jeune enfant jouait, riait sans se soucier
De sa solitude. Son ombre sourcillait
Sur des herbes brûlées. Comme un grand guerrier preux,
Il se mettait en joue face à l'arbre, impassible.
Le vent lui murmurait : « Ne lui fais point de mal ».
L'enfant frotta ses yeux et vit son père paisible
Sur une branche en bambou. Ce dernier le scrutait
Fier de son fils errant dans une folle nature.
Le jeune lui chantonnait une mélodie pure
De sa très douce mère, loin vers l'éternité.
Il voulait vivre l'amour. Il parcourait les villages
Annonçant l'espéranc' d'un monde sans violence.
En tout' sérénité. Sa vie était un voyage
Dans la paix des hommes, dans le grand silence
De ses chansons légères comme la brise du soir.
L'enfant prenait une fleur et l'envoyait voler
En mille papillons, ocre pâle bleu violet
Tachés de jaune clair. Puis son père va s'asseoir
Sur un papillon blanc volant vers l'horizon.

La nuit des ombres

Le soleil se couche sous un drap encre rougeâtre.
Les chauves souris sortent de leurs âtres
Pour se faufiler à travers les arbres endormis.
Sur le sol de latérite poussiéreux, des fourmis
S'agglutinent sur un coléoptère en décomposition.
Des termites montent sur un mur dans un sillon
Etroit composé d'argile bétonné.
Des sifflements, Des bruits stridents de grillons brisent le néant,
Le silence de la nuit. Autour des néons, s'enivrent
Des moustiques, des libellules, des mouches sans vivres.
Un rat palmiste se met aux aguets au sommet d'une case
Puis disparaît dans la pénombre. Une ombre rase
Les champs de riz. Sa présence essaie d'étouffer le bruit.
Des silhouettes semblent vouloir engloutir les fruits
Des chants des oiseaux et des grillons de brousse.
Les animaux résistent aux ombres pour que vivent
Les hommes, qui sont point sur le qui-vive.
Puis viennent les premières lueurs du jour, les ombres
S'en vont honteuses dans les entrailles sombres
De la terre. La vie reprend sur Gaia.

Une classe en brousse

Assis sur son banc d'école,
Il scrute son cahier
Avec des lettres, des mots fols,
Des phrases alambiquées.
Il apprend sans rien comprendre
Et somnole, tendre
Comme une marmotte
Aux aguets, sotte.
Le professeur dicte sans arrêt
Sans voir ceux qui peinent.
L'enfant pense à son pedigree
Au foot sans dégaine.
Il songe tout en écoutant
Et laisse filer le temps
Pour revenir à lui.
Son esprit reluit
En tendant l'oreille.
Un son l'émerveille.
C'est l'heure de la récréation

Une semence d'espoir

Il est un soir
Où je lancerai
Toute une nuée
De lucioles murmurer
Un chant d'espoir,
Un chant d'amour
À tous ceux que j'aime,
À tous ceux que je n'aime pas.
Il est un matin
Où je sèmerai
Des graines de sérénité
A tous ceux qui vivent
Dans l'obscurité
Des doutes, des angoisses.
Il est un jour,
Et une nuit
Où je serai là
A coté de toi,
Dans la paix
En toute liberté.

L'enfant talibé

Sur le trottoir,
Debout avec son seau rempli
De sucre sale et d'eau, il psalmodie,
Fait caresser sa voix mélodieuse aux oreilles des rois.
Les rois sans sous déambulent
Et ignorent tels des somnambules
Les petits mendiants en haillons.
Un baye fall avec un médaillon
Menace les passants et récolte l'argent.
L'enfant regarde impuissant cette scène.
Il sait que ce soir, il ne mangera point.
Il se fera battre car il aura les mains vides.
Il ne peut fuir, prisonnier d'un sagouin
Profitant de sa faiblesse entaillée par des rides.

Une muse de la raison

Elle se cache dans les chaumières
Se faufile entre les poussières
Puis s'en va vers d'autres horizons,
Sans prévenir, sans aucune raison.
Elle revient toujours nous hanter
Pour faire oublier nos vanités.
Elle nous murmure des songes.
Avec nos larmes, elle nous éponge.
Elle dessine nos rêves, nos idéaux
Dans notre cœur de chair ?
Elle nous emmène vers les eaux
Profondes de la vérité, non éphémère.
Qui est tu donc ma chère muse
Qui me rend sérieux ou m'amuse ?
Dis-moi ton nom, ton doux secret.
J'écrirai ta vie avec de la craie.

Partir pour Dieu

Je parcours les chemins
pour penser à demain.
Je te donne mes mains
pour te servir sans fin.
Je joue pour lui, pour toi
pour vous faire rire sans loi,
espérer un monde
d'amour qui féconde
dans le cœur des enfants,
des petits hommes violents
et des femmes perdues.
Je ne veux oublier
personne sans tarder.
Soyez libre! Vivre
au delà de tout mal
de toutes haines tribales,
de toutes jalousies
de tout' hypocrisies.
Je ne suis qu'un homme
d'un monde qui se gomme
d'un univers infini.

Dieu existe, je l'ai vu
dans un cœur inconnu
dans un bref sourire.
Et ça vous fait bien rire!

A l'âge de 24 ans, je suis parti en volontariat pendant un an au Sénégal, avec la Délégation Catholique pour la coopération (DCC).

Ma mission consistait à gérer une bibliothèque dans un collège privé à Vélingara, à 107 km au sud-ouest de Tambacounda.

J'animais aussi des ateliers lectures, mis en place des temps de contes, des après-midi scrabbles. Je surveillais aussi les élèves pendant des devoirs.

J'étais intégré dans la vie de la paroisse et la vie communautaire, avec les frères de Ploërmel.

Ce fut une expérience riche et qui vaut la peine de le vivre au moins une fois dans sa vie.

Merci à la DCC de m'avoir permis de vivre cette expérience.

Fondée en 1967, la DCC, ONG catholique de développement, est le service du volontariat international de l'Eglise en France. Présente dans une soixantaine de pays la DCC accompagne chaque année plus de 500 volontaires. Ils agissent dans tous les domaines de développement et dans tous les types de métiers.

www.ladcc.org

© 2013, Laplane
Edition : BoD - Books on Demand
12/14 rond-point des Champs Elysées
75008 Paris
Imprimé par Books on Demand,
Norderstedt, Allemagne
ISBN : 9782810627165
Dépôt légal : Janvier 2013